Eis selber machen

150 Tage Eis selber machen – Die besten Eisrezepte mit und ohne Eismaschine

Andrea Glockner

Table of Contents

Machen Sie Ihr eigenes Eis mit und ohne Eismaschine

Das erfrischende Eis sollte vor allem an warmen Tagen nicht fehlen! Aber was kann man tun, wenn zu Hause kein Eis ist? Wie wäre es mit selbstgemachtem frischem Eis? Immerhin isst der durchschnittliche Deutsche jedes Jahr acht Liter Eis. Das macht Eis in Deutschland sehr beliebt.

Grundsätzlich gibt es zwei Möglichkeiten:

Sie können hausgemachtes Eis mit oder ohne Eismaschine herstellen. Sie brauchen nicht unbedingt eine Eismaschine, um Ihr eigenes Eis zu Hause zu machen. Dies kann jedoch einige Arbeitsschritte vereinfachen und Ergebnisse verbessern. Wenn Sie noch nie versucht haben, Ihr eigenes Eis herzustellen, müssen Sie dies unbedingt ausprobieren, denn selbstgemachtes Eis ist nicht nur einfach zuzubereiten, sondern auch günstig und lecker.

Wenn Sie Ihr Eis selbst herstellen, können Sie darauf achten, dass das Eis keine künstlichen Zusätze oder Konservierungsstoffe enthält. Auch selbstgemachtes Eis lässt sich einige Tage im Kühlschrank aufbewahren und muss nicht sofort verzehrt werden. Lassen Sie Ihrer Kreativität mit Eis freien Lauf und verwenden Sie verschiedene Rezepte als Leitfaden. Grundsätzlich lässt sich jedes Rezept problemlos umsetzen und abenteuerliche Kreationen zu kreieren, ist nichts dagegen. Es ist kein Problem, Obst oder Gemüse in Eiscreme einzuarbeiten, ebenso wie andere Zutaten wie Bonbons. Schließlich findet man mittlerweile auch in Eisdielen sehr interessante Sachen. Um Ihr eigenes Eis zu Hause zu machen, brauchen Sie nicht unbedingt eine Eismaschine. Dies kann jedoch einige Arbeitsschritte vereinfachen und Ergebnisse verbessern.

Eis ohne Eismaschine

Wie eingangs erwähnt, ist für die Eisherstellung nicht unbedingt eine Eismaschine erforderlich. Wird der Eisbereiter nicht verwendet, ist keine mechanische Unterstützung mehr erforderlich, was aber nicht unbedingt ein Nachteil ist. Je nachdem, welche Eissorte Sie herstellen möchten, sind die benötigten Zutaten und Küchenutensilien unterschiedlich. Grundsätzlich sollten Sie bei der Herstellung von hausgemachtem Eis ohne Eismaschine immer zuerst alle Zutaten miteinander vermischen. Bei manchen Eiskreationen müssen bestimmte Zutaten eventuell vorher verarbeitet und erhitzt werden. Dies sollte einige Stunden vorher geschehen, damit die Zutaten wieder abkühlen können.

Dann müssen alle Zutaten miteinander vermischt werden. Für die meisten Rezepte wird empfohlen, die Mischung für mindestens eine halbe Stunde in den Kühlschrank zu stellen. Der Vorteil ist, dass die Zutaten langsam abkühlen, ohne irgendwann in den Kühlschrank zu gelangen. Nachdem die Mischung für eine halbe Stunde in den Kühlschrank gestellt wurde, kann sie in eine große, abgekühlte Schüssel umgefüllt werden. Die Schüssel kann dann in das Gefrierfach gestellt werden.
Wichtig ist, dass die Schüssel verschließbar ist.

Wichtiger Hinweis: Sie sollten nicht warten, bis das Eis jetzt vollständig gefroren ist, sondern die Schüssel nach etwa einer Stunde wieder herausnehmen. Die gesamte Mischung sollte nun gründlich gerührt werden. Wenn das Eis wieder flüssig wird, ist das kein Problem. Wichtig ist, die gesamte Menge gleichmäßig zu mischen.

Tipps für die Herstellung von Eis ohne Eismaschine

Einer der großen Vorteile der Eismaschine ist, dass die Eiswürfel ständig zu einer cremigen und lockeren Masse gerührt werden. Sie können dies kompensieren, indem Sie das Eis herausnehmen und während des Einfrierens mehrmals umrühren. Das bedeutet, dass das Eis länger braucht, um zu gefrieren, aber im Nachhinein lohnt es sich. Es wird empfohlen, dass das Eis alle halbe Stunde wieder erscheint Rühren. Damit können Sie verhindern, dass das Eis hart wird und es dann nicht gut schmeckt. Regelmäßiges Rühren zerstört die Kristalle und kleine Blasen steigen unter dem Eis auf. Dadurch wird es besonders fluffig und lecker. Wichtiger Hinweis:

Selbstgemachtes Eis sollte nach einmaligem Einfrieren nicht wieder eingefroren werden. Dies ist zwar möglich, da es keine künstlichen Zusätze gibt, aber selbstgemachtes Eis wird beim erneuten Einfrieren sehr hart. Sollten Sie das Eis doch mehrmals einfrieren wollen, müssen Sie beim erneuten Auftauen einfach etwas länger warten, bis das Eis schon wieder etwas aufgetaut ist, dann lässt es sich noch gut genießen.

Utensilien für selbstgemachtes Eis

Je nachdem ob eine Eismaschine verwendet wird oder nicht, werden unterschiedliche Küchenutensilien benötigt. In jedem Fall wird eine **Schüssel** benötigt, worin alle Zutaten angerührt werden können. Gerade um das Eis schon gut durchrühren zu können, wird ein **stabiler Schneebesen** benötigt. Immer vorhanden sein muss auf jeden Fall ein **Tiefkühlfach** mit ausreichender Größe. Mehr braucht es für ein selbstgemachtes Eis bis auf die Zutaten eigentlich auch gar nicht.

Eine Eismaschine erspart in dieser Hinsicht nur den Part mit dem Umrühren, ansonsten wird dennoch ein geeigneter Behälter sowie eine Schüssel zum Anrühren benötigt. Ein Eisportionierer kann zum Servieren des Eises dann sehr vorteilhaft sein. Mit einem Gummispatel lässt sich außerdem auch der letzte Rest Eis sehr gut aus dem Behälter herausholen. Mit einem Pürierstab können einzelne Zutaten außerdem sehr gut vorbereitet werden, um noch mehr Abwechslung in das eigene Eis zu bringen.

Grundrezept für selbstgemachtes Eis

Was für Zutaten Sie letztlich benötigen hängt vor allem davon ab, was für ein Eis Sie gerne herstellen möchten.

Beispiele sind unter anderem:

- Eiscreme
- Fruchteis
- Parfait
- Sorbet
- Frozen Joghurt
- Wassereis

Wenn Sie ganz normale Eiscreme herstellen möchten, dann gibt es ein einfaches Grundrezept, was sich nach Belieben abändern lässt. Ähnliches gilt bei anderen Eissorten.

Flüssigkeit: Egal welches Eis Sie herstellen möchten, es wird zwangsläufig Flüssigkeit benötigt. Denn Eiscreme besteht am Ende nun mal aus gefrorener Flüssigkeit. Bei Wassereis dürfte dies vor allem Wasser sein, während Frozen Joghurt wie der Name schon verrät aus Joghurt gemacht wird. Normale Eiscreme wird meist mit Milch zu bereitet. Empfohlen sind auch Flüssigkeiten wie Sahne, Sauerrahm, Quark oder Kefir. Hier sind Sie in Ihrer Gestaltung frei. Milch und Sahne enthalten z.B. viel Fett, was ein
sehr guter Geschmacksträger ist. Weitere Inhaltstoffe können sich geschmacklich dann besser entfalten. Wenn Sie auf tierische Produkte verzichten möchten, eignen sich auch pflanzliche Alternativen wie Soja- oder Mandelmilch. Hier sollte nur beachtet werden, dass diese Flüssigkeiten eine andere Konsistenz aufweisen.

Eier: Gerade bei Milcheis spielen Eier eine wichtige Rolle. Sie können ein wichtiger Emulgator sein und stellen die Verbindung zwischen Fett und Wasser her. Durch Eier erhält das Eis eine cremige Konsistenz. Wenn das Eis mit Ei aufgetaut wird, spaltet sich Fett und Wasser nicht direkt, sodass das Eis auch dann noch eine schöne Konsistenz behält.

Zucker: Bei jedem Eis spielt Süße eine wichtige Rolle, denn auch Sie wünschen sich sicherlich ein süßes Eis. Oftmals kommt normaler Haushaltszucker zum Einsatz, dieser sollte möglichst fein werden. Statt herkömmlichem Industriezucker kann jedoch auch Honig oder Zucker verwendet werden. Grundsätzlich kommen auch alle anderen Stoffe in Frage, die für Süße sorgen.

Gewürze: Gewürze gehören in beinahe jedes Eis. Wenn Sie einfach nur Wasser mit Zucker einfrieren würden, wäre das Eis zwar süß, aber ansonsten ziemlich langweilig. Oftmals kommt Vanille, Kaffee oder Kakao zum Einsatz, bei weihnachtlichem Eis darf es auch gerne Zimt sein. Tatsächlich können aber auch andere Ideen umgesetzt werden. Wenn es um Gewürze geht, sind Ihrer Kreativität und Ihrem persönlichen Geschmack keine Grenzen gesetzt.

Früchte: Gerade wenn es um Früchteeis geht, gehört Obst einfach zum Eis. Frische Früchte machen sich in Ihrem Obst besonders gut. Wenn Obst gerade keine Saison hat, können auch TK-Früchte verwendet werden. Diese können je nach Wunsch ganz oder püriert verwendet werden.

Eis mit der Eismaschine machen

Gerade wenn Sie besonders gerne Eis essen, haben Sie sicherlich auch schon mit dem Gedanken gespielt, sich eine Eismaschine anzuschaffen. Auch mit einer Eismaschine können Sie sich günstiges und leckeres Eis herstellen und die passenden Eismaschinen gibt es im unterschiedlichen Preiskategorien.

Arten von Eismaschinen

Grundsätzlich kann zwischen zwei verschiedenen Eismaschinen unterschieden werden, die Sie sich für zu Hause anschaffen können. Auf der einen Seite gibt es Geräte mit Gefrierbehälter und auf der anderen Seite Geräte mit Kühlkompressor. Eismaschinen mit einem Gefrierbehälter bestehen aus einer doppelwandigen Schüssel, wo dann auch die Eiscreme gegeben wird. Damit diese Art von Eismaschine funktionieren kann, muss der Behälter vorher für mindestens 24 Stunden in das Gefrierfach. Das ist notwendig, damit die Kühlflüssigkeit im Inneren des Gefäßes kalt genug ist. Dann wird die Schüssel in die Eismaschine eingesetzt und kann verwendet werden. Wenn das Eis hergestellt wurde, kann der Behälter einfach erneut eingefroren werde.

Geräte die einen Kühlkompressor besitzen benötigen keine Vorlaufzeit, denn ein Kompressor sorgt hier dafür, dass die Eismaschine sich in kurzer Zeit runterkühlen kann. Diese Art von Eismaschine enthält keine Kühlflüssigkeit. Daher sind sie in der Regel auch wesentlich größer und um einiges teurer als Maschinen, die nur einen herkömmlichen Gefrierbehälter enthalten.

Größter Vorteil bei den Eismaschinen ist, dass diese dafür sorgen, dass das Eis cremig wird. Beide Arten besitzen eine Rührfunktion, mit der Luft unter das Eis gemischt wird. Außerdem sorgt der kalte Behälter dafür, dass sich das Eis langsam abkühlt und dann gefriert. Selbstbemachtes Eis herzustellen, dauert je nach Menge 30-50 Minuten. Allerdings müssen Sie bei diesem Vorgang nicht zwangsläufig neben der Maschine stehen, sondern haben meist die Möglichkeit einen Timer einzustellen.

Die richtige Eismaschine finden

Beim Thema Eismaschine kommt schnell die Frage auf, welche Eismaschine sich eigentlich für die eigenen Anforderungen eignet. Sehr günstige Maschinen gibt es bereits ab 25 Euro zu kaufen. Wer eher selten Spaß daran hat Eis selbstzumachen, wird mit diesem Modell bereits gut bedient sein.

Eismaschinen mit einem eingebauten Kompressor kosten meist mindestens 150 Euro und eignen sich daher für Menschen, die richtige Eisliebhaber sind und daher regelmäßig Eis selbst machen wollen. Gerade wenn Sie auch gerne spontan Eis essen, kann das mit einer Maschine ohne Kompressor schwierig werden, denn dafür müsste der Eisbehälter mindestens 24 Stunden vorher schon gefroren werden. Dafür muss im Gefrierfach also dauerhaft Platz eingeplant werden.

Meistens kann mit einem Kühlbehälter ohne Kompressor außerdem nur eine Portion Eis hergestellt werden, bevor der Behälter wieder für einige Stunden gekühlt werden muss. Das Eis kann nämlich nur dann hergestellt werden, wenn der Kühlbehälter kalt genug ist. Jedoch ist auch festzuhalten, dass Eismaschinen ohne Kompressor wesentlich günstiger sind und dennoch ein gutes Ergebnis erzielen können. Außerdem sind sie sehr kompakt. Die Zubereitungszeit des Eises an sich hält sich außerdem in Grenzen, sodass das Eis schnell zubereitet ist. Mit einer Eismaschine mit Kompressor können Sie jedoch direkt starten. Der Kompressor kühlt direkt beim Einschalten herunter und das Eis hat eine noch cremigere Konsistenz. Wie bereits erwähnt, ist diese Art von Eismaschine natürlich auch teurer, jedoch zumeist auch hochwertiger, was besonders wichtig ist, wenn regelmäßig Eis zubereitet wird. Eismaschinen mit Kompressor sind jedoch auch wesentlich größer, weshalb genügend Platz in der Küche vorhanden sein sollte. Dafür kann zugleich aber auch wesentlich mehr Eis auf einmal zubereitet werden. Für welche Eismaschine Sie sich letztlich entscheiden, sollten Sie davon abhängig machen, wie oft Sie Eis selbst herstellen möchten. Für den Anfang tut es definitiv auch eine Eismaschine mit Kühlbehälter. Auch damit können Sie ein sehr leckeres Eis kreieren.

Wie funktioniert eine Eismaschine?

Egal ob die Eismaschine mit Kühlflüssigkeit oder einen Kompressor funktioniert: Es ist wichtig, dass das Eis bei der Herstellung dauerhaft umgerührt wird, was gleichzeitig auch der größte Vorteil der Eismaschinen ist.

Die Kombination zwischen Kühlen, vom Rand abschaben und Rühren macht dabei den größten Teil aus. Wenn das flüssige Eis soweit fertig angerührt und schon leicht heruntergekühlt ist, kann es losgehen. Der Eisbehälter wird in die Mischtrommel der Eismaschine eingesetzt und dann kann das Eis hineingefüllt werden. Während sich die Trommel dreht, wird das Eis auf ca. -18 Grad heruntergekühlt. Dabei befindet sich nur ein kleiner Teil des Eises am Rand und gefriert. Dieses wird dann abgeschabt und friert am Ende bis nach innen zu. Damit das Eis nicht zu stark am Rand festfriert, muss unbedingt dauerhaft gerührt werden. Durch das dauerhafte Rühren werden außerdem entstehende Eiskristalle zerstört.

Bei einer Eismaschine mit Kompressor muss der Eisbehälter nicht erst gefroren und eingesetzt werden, sondern das Eis kann direkt eingefüllt werden, der Rest funktioniert dann jedoch nach dem gleichen Prinzip.

Oftmals kommen Eismaschinen je nach Preis mit unterschiedlichen Features daher, sodass teilweise sogar Rezepthefte direkt mitgeliefert werden. Oftmals gibt es auch eine Nachkühlfunktion, damit das Eis auch danach noch gekühlt werden kann. Ein Touchdisplay kann in der Bedienung außerdem sehr vorteilhaft sein. Einige Geräte besitzen sogar eine Joghurtfunktion, sodass mit der Eismaschine gleichzeitig auch noch Joghurt hergestellt werden kann. Die Funktionsweise von Eismaschinen ist abgesehen von den Features daher eher simpel. Viel falsch machen können Sie also nicht und können einfach herumprobieren. Schon bald werden Sie den Dreh raushaben, um ein leckeres Eis selbst machen zu können. Sobald das Eis fertig durchgelaufen und erhärtet ist, muss es nämlich nur noch herausgenommen werden und danach kann die Eismaschine gereinigt und erneut verwendet werden.

Diese unterschiedlichen Eissorten gibt es

Wie Sie bereits erfahren durften, ist Eis nicht gleich Eis, weil es viele verschiedene Sorten gibt. Im Folgenden sind die Unterschiede der einzelnen Eissorten näher erläutert:

- **Eiscreme**: Ist das typische Eis aus der Eisdiele, was aus Milch und Sahne gefertigt wird. Kombiniert wird Eiscreme außerdem oftmals mit Früchten oder anderen Geschmacksrichtungen, aus denen dann die typischen Eissorten entstehen, die wir kennen.

- **Fruchteis**: Diese Art von Eis hat grundsätzlich ähnliche Inhaltstoffe wie das normale Milcheis, enthält aber in jedem Fall Früchte. Hier sind der Kreativität keine Grenzen gesetzt, denn es sind alle Arten von Früchten möglich, egal ob Melone, Kirsche oder z.B. Banane.

- **Parfait**: Parfait könnte als die Premium-Variante von Eis beschrieben werden. Es wird nur halbgefroren serviert und wird beim Einfrieren nicht gerührt, sondern bleibt stehen. Eigelb, Zucker und Sahne sind bei dieser Eissorte auf jeden Fall enthalten, auch wenn das Eis ansonsten nicht unbedingt süß sein muss.

- **Sorbet**: Sorbet muss der gesetzlichen Bestimmung nach mindestens einen Fruchtanteil von 25% besitzen, damit es als Fruchteis bezeichnet werden darf. Bei der Herstellung von Sorbet wird meist kein oder nur sehr wenig Zucker verwendet. Milch, Sahne oder Ei ist in dieser Art von Eis nicht zu finden.

- **Frozen Joghurt**: Diese Art von Eis hat einen richtigen Trend erlebt. Hierbei handelt es sich um eine Mischung aus Joghurt und Milcheis mit Sahne und Zucker. Frozen Joghurt ist aufgrund seiner Bestandteile fettärmer als anderes Eis.

- **Wassereis**: Wassereis besteht beinahe nur aus Wasser und Zucker. Oftmals sind außerdem Säuerungsmittel, wie Zitronensäure und Farb- sowie Aromastoffe enthalten. Wassereis muss während der Herstellung ebenfalls nicht gerührt werden und hat eine hohe Härte.

- **Softeis**: Dieses Eis ist ebenfalls sehr beliebt, jedoch keine eigene Eissorte, sondern bezeichnet vielmehr die Art der Herstellung. Bei Softeis handelt es sich nämlich um Eis, was bei einer höheren Geschwindigkeit angerührt wird, sodass noch mehr Luft in das Eis gelangt. Softeis enthält dafür jedoch auch weniger Fett.

Tipps & Tricks rund um selbstgemachtes Eis

Es gibt einige Tipps & Tricks, die sie unbedingt beachten sollten, wenn es um selbstgemachtes Eis geht.

- Die verwendeten Zutaten sollten so frisch wie möglich und natürlich sein. Das wirkt sich direkt auf den Geschmack des Eises aus. Viele Zutaten werden für ein einfaches selbstgemachtes Eis jedoch nicht benötigt.

- Zudem sollten die verwendeten Früchte bereits reif sein, damit sie eine natürliche Süße mitbringen. Alles andere ist ansonsten deutlich im Endergebnis zu schmecken. Wichtig ist außerdem, dass der Behälter in einer Eismaschine maximal zu 2/3 befüllt wird, da sich das gefrorene Eis im Volumen ausdehnt. Damit der Behälter nicht überläuft, sollte diese Regel eingehalten werden.

- Wurde im Eis Ei verwendet, darf dieses keinesfalls aufgetaut und nochmals eingefroren werden, dass kann nämlich eine Gefahr durch Salmonellen bedeuten.

- Damit das Eis möglichst cremig wird, sollte außerdem feingemahlener Zucker wie beispielsweise Puderzucker verwendet werden. Zu wenig Zucker kann leider dafür sorgen, dass das Eis hart wird, denn der Zucker wirkt wie eine Art Frostschutzmittel und verhindert entstehende Eiskristalle.

- Auch die Temperatur im Gefrierfach spielt für das Eis eine wichtige Rolle. Das Gefrierfach sollte daher auf keinen Fall auf etwa -24 Grad runtergekühlt werden. Für die Konsistenz vom Eis sollten Sie das Gefrierfach auf nur ca. -11 Grad herunterkühlen oder das Eis bereits vorher etwas im Kühlschrank auftauen lassen.

Mit diesen Tipps & Tricks wird das selbstgemachte Eis auf jeden Fall gelingen, ob mit oder ohne Eismaschine.

Eiswaffel selber machen

Menge: 10 Eiswaffeln | 20 Min. Zubereitungszeit

Zutaten:

- 1 Ei, verquirlt
- 1 Eiweiß, steif
- 50 g Zucker, braun
- 100 g Mehl
- 80 g Butter, weich
- 2 EL Sahne
- ½ TL Vanillepaste

Zubereitung:

1. Verrühren Sie das komplette Ei mit dem Zucker und der Butter, zu einer schaumigen Masse.
2. Danach das Mehl, Sahne, Vanillepaste unterheben. Dann den Eischnee vorsichtig unterheben.
3. Heizen Sie ihr Waffeleisen vor. Geben Sie jeweils etwas Teig hinein und backen Sie die Waffel aus. Sobald diese aus dem Eisen kommt, zu einer Eiswaffel aufrollen. Das Ende sollte geschlossen sein, dafür einfach unten enger zusammenrollen und nach oben hin, weiter auseinander.
4. Damit die Waffel mehr Stabilität erhält, können Sie die Öffnung, in die ihre Eis Kugel kommt, in geschmolzene Schokolade tauchen. Dies festigt nicht nur sondern lässt auch die Möglichkeit zur Verzierung.

Eismaschinen Rezepte

Himbeer Eis

Menge: 600 ml | 15 Min. Zubereitungszeit | 40 Min. Ruhezeit

Zutaten:

- 100 g Puderzucker
- 1 EL Zitronensaft
- 50 ml Kokosmilch
- 250 ml Sahne
- 300 g Himbeeren

Zubereitung:

1. Pürieren Sie die Himbeeren und geben Sie nach und nach den Puderzucker darunter.
2. Schlagen Sie die Schlagsahne auf.
3. Die Milch mit den Himbeeren, dem Zitronensaft und der Sahne vermischen. Danach die Mischung in ihre Eismaschine geben und diese für ca. 40 Minuten rühren lassen.

Haselnuss Eis

Menge: 550 ml | 35 Min. Zubereitungszeit | 60 Min. Ruhezeit

Zutaten:

- 50 ml Haselnuss Sirup
- 300 ml Sahne
- 250 g Milch
- 2 Eigelb
- 80 g Haselnüsse, gemahlen, geröstet

Zubereitung:

1. Die Milch aufkochen und die Nüsse sowie den Sirup hineingeben.
2. Das Eigelb aufschlagen und schaumig unter die Milch heben.
3. Den Topf von der Flamme nehmen und die Mischung in eine gekühlte Schale füllen. Die Sahne einrühren und alles gut vermischen.
4. Die Mischung in die Eismaschine geben und dort so lange rühren lassen, bis die

Eiscreme gefroren ist.

Eierlikör

Menge: 500 ml | 30 Min. Zubereitungszeit | 50 Min. Ruhezeit

Zutaten:

- 75 ml Eierlikör
- 90 g Puderzucker
- 5 Eigelb, schaumig
- 100 ml Milch
- 400 ml Sahne
- 100 g Haselnüsse, ganz
- 50 g Zucker

Zubereitung:

1. Geben Sie den Zucker in eine Pfanne und schmelzen Sie diesen, die Haselnüsse hineingeben und karamellisieren lassen. Danach auf einem Backpapier ausstreichen zum Abkühlen.
2. Kochen Sie die Milch, Sahne, Eierlikör und den Puderzucker auf. Nehmen Sie die Mischung vom Herd und rühren Sie das schaumige Eigelb hinein. Wenn die Mischung andickt, alles in die Eismaschine geben und die Haselnüsse erst, wenn das Eis fast fertig ist, hinzufügen.

Softeis

Menge: 750 ml | 15 Min. Zubereitungszeit | 50 Min. Ruhezeit

Zutaten:

- 700 ml Sahne
- 120 g Honig
- 2 Eier
- 4 Eigelb, schaumig
- 1 Prise Salz
- 1 TL Vanillepaste

Zubereitung:

1. Die Sahne mit dem Honig und der Vanillepaste vermischen und kurz aufkochen. Danach gut abkühlen lassen.
2. Die Eier aufschlagen und mit dem schaumigen Eigelb vermischen. Das Salz unterheben.
3. Beides gut vermischen und in die Eismaschine geben. Dort für ca. 50 Minuten unter Rühren, gefrieren lassen.

Lakritz Eis

Menge: 300 ml | 10 Min. Zubereitungszeit | 30 Min. Ruhezeit

Zutaten:

- 300 ml Sahne
- 20 g Lakritz Pulver
- 1 EL Vanillepulver
- 1 Prise Zimt
- 30 g Lakritz Stücke, gehackt

Zubereitung:

1. Vermischen Sie die Sahne, Lakritz Pulver und Vanillepulver sowie den Zimt miteinander. Rühren Sie die Mischung schön cremig.
2. Danach die Lakritz Stücke unterheben und die Mischung in die Eismaschine geben. Dort für 30 Minuten unter Rühren, gefrieren lassen.

Minze Eis

Menge: 300 ml | 10 Min. Zubereitungszeit | 30 Min. Ruhezeit

Zutaten:

- 300 ml Sahne
- 4 EL Vanillepulver
- ½ Bund Minze, gehackt
- 1 Limettensaft
- 1 Limettenabrieb

Zubereitung:

1. Geben Sie die Sahne mit dem Vanillepulver in eine Schüssel und rühren Sie die Mischung zu einer Creme.
2. Heben Sie den Limettenabrieb und den Saft unter, geben Sie die Minze hinein.
3. Die Mischung in die Eismaschine füllen und für 30 Minuten gefrieren lassen.

Milch Erdbeer Eis

Menge: 1000 ml | 10 Min. Zubereitungszeit | 40 Min. Ruhezeit

Zutaten:

- 400 ml gesüßte Kondensmilch, kalt
- 450 ml Sahne
- 400 g Erdbeeren, gehackt
- 100 g weiße Schokolade, Raspeln

Zubereitung:

1. Die Sahne steifschlagen.
2. Die Kondensmilch ebenfalls aufschlagen.
3. Die Kondensmilch sowie auch die Sahne vermischen. Die Erdbeeren und die Schokolade unterheben.
4. Schalten Sie die Maschine ein und lassen Sie das Eis darin für mindestens 40 Minuten gefrieren. Um es zu beschleunigen, können Sie die Erdbeeren vor frieren.

Kaffee Eis

Menge: 1000 ml | 10 Min. Zubereitungszeit | 40 Min. Ruhezeit

Zutaten:

- 400 ml gesüßte Kondensmilch, kalt
- 450 ml Sahne
- 40 g Schoko Kaffeebohnen, gehackt
- 2 EL Espressopulver, instant
- 1 TL Vanillepaste
- 1 Prise Nelke
- 1 Prise Zimt
- 1 Prise Kardamom

Zubereitung:

1. Schlagen Sie die Kondensmilch sowie auch die Sahne, getrennt voneinander steif.
2. Heben Sie die Gewürze und das Kaffeepulver, sowie die Kaffeebohnen unter die Kondensmilch.
3. Die Sahne vorsichtig unterheben und die Mischung in ihre Eismaschine geben.
4. Dort die Mischung für 40 Minuten unter Rühren, gefrieren lassen.

Käsekuchen Eis

Menge: 500 ml | 30 Min. Zubereitungszeit | 35 Min. Ruhezeit

Zutaten:

- 200 g Sahne, steif
- 300 g Frischkäse
- 150 g Puderzucker
- 150 g Himbeere, TK
- 20 ml Glukosesirup

Zubereitung:

1. Nehmen Sie den Frischkäse und den Puderzucker und rühren Sie beides zusammen schaumig. Die Sahne vorsichtig unterheben.
2. Die Mischung in die Eismaschine geben und für 35 Minuten gefrieren lassen.
3. Die Himbeeren mit dem Glukosesirup pürieren und auf das gefrorene Eis geben, kurz weiter verrühren lassen und servieren.

Geröstete Nuss

Menge: 500 ml | 15 Min. Zubereitungszeit | 45 Min. Ruhezeit

Zutaten:

- 120 ml Haselnusssirup
- 80 g Haselnüsse, gehackt
- 1 Becher Schmand
- 80 g Schokoraspeln
- 320 ml Buttermilch

Zubereitung:

1. Vermischen Sie den Sirup, die Buttermilch und den Schmand.
2. Erhitzen Sie eine Pfanne und rösten Sie die Haselnüsse darin an, lassen Sie diese gut abkühlen.
3. Die Haselnüsse mit der Schokolade unter die Eismasse heben und alles in die Eismaschine geben. Dort für 45 Minuten rührend gefrieren lassen.

Erdbeer Sekt Sorbet

Menge: 500 ml | 30 Min. Zubereitungszeit | 50 Min. Ruhezeit

Zutaten:

- 500 g Erdbeeren
- 60 ml Erdbeeren Sirup
- 80 ml Sekt, trocken
- ½ Zitronensaft
- 2 Zweige Minze

Zubereitung:

1. Die Beeren, sowie die Hälfte vom Sirup in einem Mixer pürieren. Durch ein Sieb geben und den restlichen Sirup unterheben. Mit dem Sekt vermischen.
2. Die Masse in ihre Eismaschine geben und ca. 50 Minuten gefrieren lassen.
3. Als Kugel mit der Minze servieren.

Avocado Eis

Menge: 350ml | 10 Min. Zubereitungszeit | 40 Min. Ruhezeit

Zutaten:

- 2 Avocados, Fruchtfleisch
- ½ Limettensaft und Abrieb
- 1 Prise Salz
- 60 ml Zitronen Sirup

Zubereitung:

1. Alle Zutaten in den Mixer geben und gut pürieren.
2. Die Mischung in die Eismaschine geben und für 40 Minuten gefrieren lassen.

Nougat Eis

Menge: 600 ml | 15 Min. Zubereitungszeit | 40 Min. Ruhezeit

Zutaten:

- 500 ml Sahne
- 500 ml Milch
- 5 Eigelb
- 2 EL Schokosirup
- 130 g Zucker
- 200 g Nougat, gehackt

Zubereitung:

1. Rühren Sie das Eigelb mit dem Zucker schaumig.
2. Schlagen Sie die Sahne auf.
3. Vermischen Sie die Milch, den Schokosirup und das Eigelb. Geben Sie die Sahne vorsichtig unter.
4. Heben Sie die Nougatstücke unter.
5. Füllen Sie alles in die Eismaschine und lassen Sie es dort für 40 Minuten gefrieren.

Karamell Eis

Menge: 1000 ml | 15 Min. Zubereitungszeit | 40 Min. Ruhezeit

Zutaten:

- 500 ml Sahne
- 500 ml Milch
- 2 TL Vanillepaste
- 5 Eigelb
- 130 g Zucker
- 6 Karamell Riegel, gehackt

Zubereitung:

1. Rühren Sie das Eigelb mit dem Zucker schaumig.
2. Schlagen Sie die Sahne auf.
3. Vermischen Sie die Milch mit der Vanillepaste und dem Eigelb. Geben Sie die Sahne vorsichtig unter.
4. Füllen Sie alles in die Eismaschine und lassen Sie es dort für 20 Minuten gefrieren, danach die Karamell Riegel hineingeben und weitere 20-25 Minuten gefrieren lassen.

Zimt Eis

Menge: 1000 ml | 15 Min. Zubereitungszeit | 40 Min. Ruhezeit

Zutaten:

- 500 ml Sahne
- 500 ml Milch
- 2 TL Vanillepaste
- 5 Eigelb
- 130 g Zucker
- 2 TL Zimt
- 2 Spekulatiuskekse, gebröselt

Zubereitung:

1. Rühren Sie das Eigelb mit dem Zucker schaumig.
2. Schlagen Sie die Sahne auf.
3. Vermischen Sie die Milch und den Zimt mit der Vanillepaste und dem Eigelb. Geben Sie die Sahne vorsichtig unter.
4. Füllen Sie alles in die Eismaschine und lassen Sie es dort für 20 Minuten gefrieren, danach die Kekse hineingeben und weitere 20-25 Minuten gefrieren lassen.

Pistazien Eis

Menge: 600 ml | 15 Min. Zubereitungszeit | 40 Min. Ruhezeit

Zutaten:

- 100 g Puderzucker
- 50 ml Kokosmilch
- 250 ml Sahne
- 200 g Pistazien, gehackt
- 2 EL Pistazienlikör

Zubereitung:

1. Die Schlagsahne mit dem Puderzucker und dem Likör aufschlagen.
2. Die Pistazien mit der Milch, Zitronensaft und Sahne vermischen. Danach die Mischung in ihre Eismaschine geben und diese für 40 Minuten frieren lassen.

Malaga Eis

Menge: 1000 ml | 15 Min. Zubereitungszeit | 40 Min. Ruhezeit

Rosinen über Nacht einweichen!

Zutaten:

- 500 ml Sahne
- 500 ml Milch
- 2 TL Vanillepaste
- 5 Eigelb
- 130 g Zucker
- 80 g Rosinen
- 25 ml Rum

Zubereitung:

1. Vermischen Sie die Rosinen und den Rum und lassen Sie diese über Nacht im Kühlschrank ruhen.
2. Rühren Sie das Eigelb mit dem Zucker schaumig.
3. Schlagen Sie die Sahne auf.
4. Vermischen Sie die Milch mit der Vanillepaste und dem Eigelb. Geben Sie die Sahne vorsichtig unter.
5. Füllen Sie alles in die Eismaschine und lassen Sie es dort für 20 Minuten gefrieren, danach die Rosinen mit dem Rum

hineingeben und weitere 20-25 Minuten gefrieren lassen.

Amaretto Eis

Menge: 1000 ml | 15 Min. Zubereitungszeit | 40 Min. Ruhezeit

Zutaten:

- 500 ml Sahne
- 500 ml Milch
- 2 TL Vanillepaste
- 5 Eigelb
- 130 g Zucker
- 2 TL Amaretto Likör
- 80 g Walnüsse, gehackt

Zubereitung:

1. Rühren Sie das Eigelb mit dem Zucker schaumig.
2. Schlagen Sie die Sahne auf.
3. Vermischen Sie die Milch mit der Vanillepaste und dem Eigelb. Geben Sie die Sahne vorsichtig unter.
4. Nun geben Sie die Walnüsse und den Amaretto hinein und füllen die Mischung in ihre Eismaschine.
5. Dort alles für 40 Minuten gefrieren lassen.

Vanille Eis

Menge: 1000 ml | 15 Min. Zubereitungszeit | 40 Min. Ruhezeit

Zutaten:

- 500 ml Sahne
- 500 ml Milch
- 2 TL Vanillepaste
- 5 Eigelb
- 130 g Zucker

Zubereitung:

1. Rühren Sie das Eigelb mit dem Zucker schaumig.
2. Schlagen Sie die Sahne auf.
3. Vermischen Sie die Milch mit der Vanillepaste und dem Eigelb. Geben Sie die Sahne vorsichtig unter.
4. Füllen Sie alles in ihre Eismaschine und lassen Sie die Eiscreme dort für 45 Minuten gefrieren.

Schoko Eis

Menge: 500 ml | 15 Min. Zubereitungszeit | 40 Min. Ruhezeit

Zutaten:

- 150 ml Milch
- 100 g Schokolade, gehackt
- 2 Vanillepäckchen
- 100 ml Sahne
- 30 g Schokolade, gehackt

Zubereitung:

1. Erhitzen Sie die Milch mit der Sahne und dem Vanillezucker, rühren Sie die Schokolade hinein und schmelzen Sie diese.
2. Die Mischung gut abkühlen lassen, Schokostücke unterheben und danach in die Eismaschine geben.
3. Das Eis dort für 40 Minuten rühren und gefrieren lassen.

Kardamom Eis

Menge: 200 ml | 15 Min. Zubereitungszeit | 45 Min. Ruhezeit

Zutaten:

- 125 ml Milch
- 70 g Puderzucker
- 50 ml Sahne
- 1 TL Zimtstange
- 5 Kardamomkapseln

Zubereitung:

1. Erhitzen Sie die Milch und geben Sie die Zimtstange sowie die Kardamomkapseln hinein. Lassen Sie beides mit der Milch für 1 Stunde ziehen.
2. Entnehmen Sie die Zimtstange und die Kardamomkapseln und geben Sie das Mark in die Milch.
3. Das Eis nun in die Eismaschine geben und fort für 45 Minuten gefrieren lassen.

Beeren Smoothie Eis

Menge: 500 ml | 10 Min. Zubereitungszeit | 45 Min. Ruhezeit

Zutaten:

- 200 g Erdbeeren, gehackt
- 2 Bananen, in Stücke
- 80 g Kirschen, halbiert
- 200 g Himbeeren
- 80 ml Apfelsaft, trüb

Zubereitung:

1. Geben Sie alle Zutaten in den Mixer und pürieren Sie alles.
2. Geben Sie den Smoothie durch ein Sieb und die aufgefangene Masse in die Eismaschine.
3. Dort für 45 Minuten gefrieren lassen.

Grüner Tee

Menge: 350 ml | 15 Min. Zubereitungszeit | 45 Min. Ruhezeit

Zutaten:

- 2 EL grüner Tee, in einem Beutel
- 350 ml Sahne
- 1 TL Vanillepaste
- 1 TL Zitronengras, gemahlen

Zubereitung:

1. Die Sahne mit dem Tee und den Gewürzen aufkochen. Für 3 Stunden ziehen lassen und aus der kalten Sahne den Tee herausnehmen und auspressen.

2. Die Sahne in die Eismaschine geben und dort für 45 Minuten gefrieren lassen.

Milchshake Rezepte

Erdbeere

Menge: 500 ml | 5 Min. Zubereitungszeit

Zutaten:

- 350 ml Kokosmilch
- 200 g Erdbeeren, gehackt
- 1 TL Macadamia Sirup
- 4 Kugeln Erdbeereis

Zubereitung:

1. Geben Sie die Zutaten zusammen in den Mixer.
2. Pürieren Sie alles gut durch und geben Sie die Mischung in Gläser, um sie zu servieren.

Schoko

Menge: 250 ml | 15 Min. Zubereitungszeit

Zutaten:

- 2 Kugeln Erdnusseis
- 300 ml Milch
- 2 EL Rohkakaopulver
- 1 Prise Zimt

Zubereitung:

1. Kochen Sie die Milch mit dem Kakao und dem Zimt auf, lassen Sie diese richtig erkalten.
2. Nun den Kakao mit dem Erdnusseis in einen Mixer geben und zu einem Milchshake pürieren.

Banane

Menge: 250 ml / 5 Min. Zubereitungszeit

Zutaten:

- 2 Kugeln Bananeneis
- 200 ml Milch
- 1 Frische Banane
- 1 EL Zitronensaft

Zubereitung:

1. Nehmen Sie die frische Banane und pürieren Sie diese mit dem Zitronensaft.
2. Geben Sie die Milch sowie das Bananeneis dazu und mixen Sie alles cremig.

Beeren Shake

Menge: 250 ml | 10 Min. Zubereitungszeit

Zutaten:

- 2 Kugeln Beereneis
- 200 g Erdbeeren, gehackt
- 1 Banane, gehackt
- 200 ml Milch
- 20 g Sahne, steif
- 4 EL Haselnüsse, gehackt

Zubereitung:

1. Rösten Sie in einer Pfanne ohne Öl die Haselnüsse an. Lassen Sie diese gut abkühlen.
2. Nehmen Sie die Erdbeeren, Banane und die Milch und pürieren Sie die Mischung in einem Mixer. Fügen Sie das Eis dazu und mixen Sie es, bis alles cremig ist.
3. Den Shake in ein Glas abfüllen, mit der Sahne bedecken und mit den Nüssen bestreuen.

Käsekuchen Shake

Menge: 200 ml | 5Min. Zubereitungszeit

Zutaten:

- 50 ml Orangensaft
- 150 ml Sahne
- 2 Kugeln Cheese Cake Eis
- 2 Orangenscheiben

Zubereitung:

1. Geben Sie alle Zutaten zusammen in den Mixer und mixen Sie die Mischung cremig.
2. Füllen Sie den Shake in Gläser und garnieren Sie dieses Glas mit Orangenscheiben.

Kiba

Menge: 500 ml | 10 Min. Zubereitungszeit

Zutaten:

- 2 Kugeln Bananeneis
- 2 Kugeln Kirscheis
- 400 ml Milch
- 1 TL Vanillepaste

Zubereitung:

1. Geben Sie die Milch mit der Vanillepaste in den Mixer und vermischen Sie beide Zutaten gut.
2. Danach das Eis hinzufügen und cremig mixen.
3. Die Mischung auf Gläser aufteilen und mit Strohhalmen servieren.

Slush Eis Rezepte

Wassermelone

Menge: 250 ml | 15 Min. Zubereitungszeit | 3 Std. Ruhezeit

Zutaten:

- 200 g Wassermelone
- 1 EL Limettensaft
- 1 EL Erdbeersirup

Zubereitung:

1. Nehmen Sie die Wassermelone und schneiden Sie diese in kleine Stücke. Entfernen Sie grobe Kerne.
2. Die Zutaten in einen Mixer geben und pürieren.
3. Das Püree in einen Gefrierbeutel geben.
4. Für 3 Stunden in das Gefrierfach legen und danach erneut im Mixer zu Slush Eis verwandeln.
5. Mit einem Strohhalm und Löffel im Glas servieren.

Kiwi Slush

Menge: 250 ml | 15 Min. Zubereitungszeit | 3 Std. Ruhezeit

Zutaten:

- 6 Kiwi, Gold
- 2 EL Ananassirup
- 2 EL Zitronensaft
- 5 g Ingwer, gerieben

Zubereitung:

1. Nehmen Sie die Kiwi und pürieren Sie diese.
2. Vermischen Sie die Zutaten gut und geben Sie diese in Eiswürfelformen.
3. Die Eiswürfelformen für 3 Stunden einfrieren.
4. Vor dem Verzehr die Formen aus der Gefriertruhe nehmen und die Eiswürfel in einem Mixer zu Slush Eis mixen.

Pfirsich

Menge: 600 ml | 5 Min. Zubereitungszeit | 4 Std. Ruhezeit

Zutaten:

- 600 g Pfirsich, in Stücken
- 2 Stängel Rosmarin
- 3 EL Pfirsich Sirup
- 100 g Nektarinen Konfitüre

Zubereitung:

1. Geben Sie alle Zutaten in ihren Mixer und pürieren Sie die Zutaten.
2. Füllen Sie die Mischung in eine Eiswürfelform und stellen Sie diese für 4 Stunden in ihren Gefrierschrank.
3. Danach nehmen Sie die Eiswürfel und geben diese in ihre Mixer.
4. Dort pürieren Sie die Eiswürfel nun zu Slush Eis.

Kirsch

Menge: 500 ml | 5 Min. Zubereitungszeit | 25 Min. Ruhezeit

Zutaten:

- 500 ml Kirschsaft, frisch
- 2 EL Honig
- ½ TL Vanillepaste

Zubereitung:

1. Vermischen Sie die Zutaten in einem Messbecher und geben Sie die Flüssigkeit in ihre Eismaschine.
2. Dort die Mischung für ca. 25 Minuten gefrieren lassen.
3. Das Slush in Gläser umfüllen und nach Bedarf dekorieren.

Ananas & Kokos

Menge: 500 ml | 15 Min. Zubereitungszeit | 4 Std. Ruhezeit

Zutaten:

- 1 Ananas, in Stücken
- 50 ml Kokoswasser
- 1 EL Kokos Sirup

Zubereitung:

1. Entsaften Sie die Ananas und vermischen Sie den Saft mit dem Kokoswasser sowie dem Kokossirup.
2. Geben Sie die Mischung in Eiswürfelformen und diese in den Gefrierschrank, dort für 4 Stunden ruhen lassen.
3. Entnehmen Sie die Eiswürfel aus der Form und geben Sie diese in einen Mixer. Dort immer wieder mixen, bis die gewünschte Slush Konsistenz vorhanden ist.
4. Sofort servieren.

Himbeer

Menge: 200 ml | 10Min. Zubereitungszeit | 4 Std. Ruhezeit

Zutaten:

- 2 EL Himbeeren Sirup
- 2 EL Orangensaft
- 250 g Himbeeren

Zubereitung:

1. Geben Sie die Himbeeren mit dem Sirup und dem Saft in den Mixer und pürieren Sie das die Himbeeren.
2. Geben Sie die Himbeeren durch ein Sieb und drücken Sie das Fruchtfleisch mit einem Löffel aus dem Sieb.
3. Danach das Püree in einen Gefrierbeutel geben. Diesen für 4 Stunden einfrieren.
4. Das gefrorene Püree in einen Mixer geben und zu Slush pürieren.

Rezepte ohne Eismaschine

Erdbeer Eis

Menge: 200 ml | 15 Min. Zubereitungszeit | 4-6 Stunden Ruhezeit

Zutaten:

- 2 EL Zitronensaft
- 125 ml Milch
- 70 g Puderzucker
- 50 ml Sahne
- 150 g Erdbeeren

Zubereitung:

1. Geben Sie alle Zutaten in ihren Mixer.
2. Pürieren Sie das Eis.
3. Nehmen Sie eine Form, die in ihre Gefriertruhe passt und füllen Sie das Eis hinein.
4. Stellen Sie es in ihre Gefriertruhe.
5. Nach 30 Minuten nehmen Sie die Form heraus und verrühren nochmals alles. Stellen Sie die Form zurück.
6. Nach weiteren 30 Minuten erneut umrühren und wieder zurückstellen.
7. Das Eis nun für mindestens 4 Stunden ruhen lassen.

Schokoladeneis

Menge: 300 ml | 15 Min. Zubereitungszeit | 6 Std. Ruhezeit

Zutaten:

- 200 ml Sahne
- 50 ml Milch
- 1 TL Puderzucker
- 50 g Schokolade, 70%
- 50 g Vollmilchschokolade

Zubereitung:

1. Erhitzen Sie die Milch in einem Topf und schmelzen Sie die Schokolade darin.
2. Schlagen Sie die Sahne mit dem Puderzucker steif, lassen Sie die Schokolade etwas abkühlen und heben Sie die Schokolade unter.
3. Geben Sie die Mischung in ihre Eis Form und diese nachdem Abkühlen in ihr Gefrierfach.
4. Das Eis nach 1 Stunde herausholen und nochmals aufschlagen.
5. Danach das Eis für 6 Stunden ruhen lassen.

Bananen Eis

Menge: 100 ml | 5 Min. Zubereitungszeit | 4 Std. Ruhezeit

Zutaten:

- 3 Bananen, in Stücken
- 2 EL Sahne
- 1 TL Puderzucker
- 1 Prise Zimt

Zubereitung:

1. Nehmen Sie einen Gefrierbeutel und frieren Sie die Bananenstücke darin ein.
2. Lassen Sie die Bananenscheiben für 6 Stunden in ihrem Gefrierfach.
3. Vor dem Verzehr herausnehmen und 5 Minuten antauen lassen.
4. Alle Zutaten in einen Mixer geben und das Ganze zu einer Eismasse mixen.
5. Die Eismasse sofort servieren.

Eiskaffee

Menge: 150 ml | 10 Min. Zubereitungszeit | 5 Min. Ruhezeit

Zutaten:

- 2 Kugeln Bananeneis, Rezept aus dem Buch
- 100 ml Milch, kalt
- 2 Espresso, kalt
- 25 ml Sahne
- 1 TL Puderzucker

Zubereitung:

1. Nehmen Sie ein schönes Glas und geben Sie die Eiskugeln hinein.
2. Schlagen Sie die Sahne mit dem Puderzucker steif.
3. Vermischen Sie den Espresso mit der Milch und geben Sie die Mischung über das Eis.
4. Die Sahne darauf verteilen und frisch servieren.

Beeren Eis

Menge: 200 ml | 15 Min. Zubereitungszeit | 4-6 Stunden Ruhezeit

Zutaten:

- 2 EL Limettensaft
- 125 ml Milch
- 70 g Puderzucker
- 50 ml Sahne
- 150 g Beerenmix, TK

Zubereitung:

1. Geben Sie alle Zutaten in ihren Mixer.
2. Pürieren Sie das Eis, wenn Sie keine Körner mögen, geben Sie die Mischung durch ein Sieb.
3. Nehmen Sie eine Form, die in ihre Gefriertruhe passt und füllen Sie das Eis hinein.
4. Stellen Sie es in ihre Gefriertruhe.
5. Nach 30 Minuten nehmen Sie die Form heraus und verrühren nochmals alles. Stellen Sie die Form zurück.
6. Nach weiteren 30 Minuten erneut umrühren und wieder zurückstellen.
7. Das Eis nun für mindestens 4 Stunden ruhen lassen.

Vanille Zimt Eis

Menge: 200 ml / 15 Min. Zubereitungszeit / 4-6 Stunden Ruhezeit

Zutaten:

- 125 ml Milch
- 70 g Puderzucker
- 50 ml Sahne
- 1 Vanillestange
- 1 Banane
- 1 TL Zimtstange

Zubereitung:

1. Erhitzen Sie die Milch und geben Sie die Zimtstange sowie die Vanillestange hinein. Lassen Sie beides mit der Milch für 1 Stunde ziehen. Schneiden Sie die Vanillestange auf und kratzen Sie das Mark heraus.
2. Entnehmen Sie die Zimtstange und geben Sie das Mark in die Milch.
3. Pürieren Sie die Banane und mischen Sie alles gut zusammen.
4. Nehmen Sie eine Form, die in ihre Gefriertruhe passt und füllen Sie das Eis hinein.
5. Stellen Sie es in ihre Gefriertruhe.
6. Nach 30 Minuten nehmen Sie die Form heraus und verrühren nochmals alles. Stellen Sie die Form zurück.
7. Nach weiteren 30 Minuten erneut umrühren und wieder zurückstellen.
8. Das Eis nun für mindestens 4 Stunden ruhen lassen.

Stracciatella Eis

Menge: 500 ml | 20 Min. Zubereitungszeit | 6 Min. Ruhezeit

Zutaten:

- 200 ml Sahne, steif
- Quark ml Milch
- 1 TL Vanillepaste
- 50 g Schokostreusel

Zubereitung:

1. Rühren Sie den Quark mit der Vanillepaste auf.
2. Heben Sie die Sahne unter.
3. Geben Sie die Schokostreusel unter die Masse und füllen Sie die Masse in eine Eis Form ihrer Wahl.
4. Die Form in das Gefrierfach stellen und für zwei Stunden, jede 30 Minuten umrühren.
5. Danach für weitere 4 Stunden im Gefrierfach belassen.

Cheese Cake Eis

Menge: 500 ml | 30 Min. Zubereitungszeit | 6 Std. Ruhezeit

Zutaten:

- 200 g Sahne, steif
- 300 g Frischkäse
- 150 g Puderzucker
- 150 g Himbeere, TK
- 20 ml Glukosesirup

Zubereitung:

1. Nehmen Sie den Frischkäse und den Puderzucker und rühren Sie beides zusammen schaumig. Die Sahne vorsichtig unterheben.
2. Die Mischung in eine Eis Form geben und in das Gefrierfach stellen. Nach 30 Minuten erneut umrühren und wieder in das Gefrierfach geben.
3. Erneut nach 30 Minuten umrühren und für weitere 3 Stunden in das Gefrierfach geben.
4. Die Himbeeren mit der Glukose pürieren und auf das gefrorene Eis zu geben, glattstreichen und weitere 2 Stunden gefrieren.

Buttermilch Eis Rezepte

Buttermilch Kirsch

Menge: 6 Portionen | 10 Min. Zubereitungszeit | 6 Std. Ruhezeit

Zutaten:

- 500 ml Buttermilch
- 200 g Kirschen, aus dem Glas
- 20 ml Mandelmilch
- 1 EL Honig

Zubereitung:

1. Die Kirschen mit der Mandelmilch und dem Honig pürieren.
2. Die Buttermilch unterheben.
3. Die flüssige Mischung in Eisformen geben und für 6 Stunden in den Gefrierschrank geben.

Buttermilch Zitrone

Menge: 6 Stück | 10 Min. Zubereitungszeit | 6 Std. Ruhezeit

Zutaten:

- 500 ml Buttermilch
- 3 Zitronensaft
- 80 ml Orangensaft
- 1 EL Honig

Zubereitung:

1. Die Buttermilch mit dem Honig, Zitronensaft und Orangensaft gut vermischen.
2. Die flüssige Mischung in eine Eis Form geben und für 6 Stunden in den Gefrierschrank stellen, nach 1 Stunde erneut umrühren!

Schoko Nuss

Menge: 500 ml | 15 Min. Zubereitungszeit | 5 Std. Ruhezeit

Zutaten:

- 120 ml Haselnusssirup
- 80 g Haselnüsse, gehackt
- 1 Becher Schmand
- 80 g Schokoraspeln
- 320 ml Buttermilch

Zubereitung:

1. Vermischen Sie den Sirup, die Buttermilch und den Schmand.
2. Erhitzen Sie eine Pfanne und rösten Sie die Haselnüsse darin an, lassen Sie diese gut abkühlen.
3. Die Haselnüsse mit der Schokolade unter die Eismasse heben und alles in eine Form geben. Danach im Gefrierfach für 5 Stunden gefrieren lassen. Die ersten zwei Stunden, jede halbe Stunde umrühren.

Tuc Karamell

Menge: 500 ml | 15 Min. Zubereitungszeit | 5 Std. Ruhezeit

Zutaten:

- 120 g Karamell Sirup
- 1 Becher Sahne
- 320 ml Buttermilch
- 8 gesalzene Tuc Kekse, zerbröselt

Zubereitung:

1. Schlagen Sie die Sahne steif.
2. Vermischen Sie den Sirup mit der Buttermilch, die Sahne unterheben und zusammen in eine Form geben. Mit den Tuc Keksen bestreuen und für 5 Stunden in das Gefrierfach geben.
3. Nach 20 Minuten herausnehmen und leicht umrühren. Wieder hineingeben, nach einer weiteren Stunde erneut umrühren und danach für 4 Stunden fertig gefrieren lassen.

Himbeer Buttermilch

Menge: 500 ml | 15 Min. Zubereitungszeit | 5 Std. Ruhezeit

Zutaten:

- 120 g Ahornsirup
- 1 Becher Schmand
- 320 ml Zitronenbuttermilch
- 120 g Himbeeren, püriert

Zubereitung:

1. Alle Zutaten, bis auf die Himbeeren in einem Mixer cremig rühren.
2. Die Mischung in eine Form geben und die Form für 2 Stunden in das Gefrierfach stellen. Nach den 2 Stunden herausholen, die Himbeeren darauf verteilen und mit einer Gabel umrühren.
3. Danach das Eis erneut für weitere 3 Stunden in ihr Eisfach geben.

Kuchen Eis

Menge: 6 Stück | 10 Min. Zubereitungszeit | 6 Std. Ruhezeit

Zutaten:

- 500 ml Buttermilch
- 100 g Kirschen aus dem Glas
- 20 ml Apfelkuchen Sirup
- 2 Milka Tender, in Stücken

Zubereitung:

1. Vermischen Sie die Buttermilch mit dem Sirup. Entfernen Sie die Hälfte der Mischung und geben Sie diese in die Eis Form.
2. Dort die Kirschen unterheben und die Form für 2 Stunden in den Gefrierschrank geben.
3. Danach herausholen und die restliche Mischung darauf verteilen, die Tenderstücke unterheben und alles für weitere 4 Stunden im Gefrierfach ruhen lassen.

Veganes Eis

Bananen Erdbeer Eis

Menge: 500 ml | 10 Min. Zubereitungszeit | 6 Std. Ruhezeit

Zutaten:

- 6 Bananen, in Stücke
- 500 g Erdbeeren, in Stücke
- 2 EL Ahornsirup
- 4 EL Mandelmilch

Zubereitung:

1. Geben Sie die Bananen in einen Gefrierbeutel und frieren Sie diese für sechs Stunden ein.
2. Danach die Erdbeeren ebenfalls in einen Gefrierbeutel geben und für sechs Stunden einfrieren.
3. Nun nehmen Sie einen Esslöffel Ahornsirup sowie zwei Esslöffel Milch und die Bananen und geben diese in einen Mixer, gut pürieren und als Kugel in Schalen geben.
4. Danach das gleiche mit den Erdbeeren, Ahornsirup und Milch machen.
5. Erdbeer - Bananen Eis sofort servieren.

Schokotraum

Menge: 550 ml | 15 Min. Zubereitungszeit | 6 Std. Ruhezeit

Zutaten:

- 250 g Süßkartoffeln Püree
- 50 g Datteln, gehackt
- 25 g Kakaopulver, Rohkakao
- 1 Prise Salz
- 1 Dose Kokosmilch
- 100 g Ahornsirup
- 1 EL Vanillemark
- 1 TL Kaffee, löslich

Zubereitung:

1. Vermischen Sie die Zutaten in einem Mixer und pürieren Sie alles gut durch.
2. Das Eis in eine Form ihrer Wahl umfüllen und in den Gefrierschrank geben.
3. Nach 1 Stunde unbedingt erneut umrühren, am besten mit einer Gabel.
4. Danach das Eis für 5 weitere Stunden gefrieren lassen.

Himbeer Oreo Himmel

Menge: 500 ml | 15 Min. Zubereitungszeit | 8 Std. Ruhezeit

Zutaten:

- 300 ml Mandelmilch
- 12 Oreo Kekse, zerbröselt
- 200 ml vegane Sahne, steif
- 75 g Zucker, braun
- 1 TL Vanillepaste
- 150 g Himbeeren, TK
- ½ TL Xanthan

Zubereitung:

1. Vermischen Sie die Mandelmilch, Sahne, Zucker, Vanillepaste und Xanthan miteinander. Geben Sie dafür die Zutaten in einen Mixer und mixen es gut durch.
2. Die Eismasse in eine Form geben und für 2 Stunden im den Gefrierschrank stellen. Danach herausnehmen und die Oreo Krümel sowie die Himbeeren unterheben.
3. Gut durchmischen und erneut für sechs weitere Stunden im Gefrierfach ruhen lassen.

Erdnuss Eis

Menge: 350 ml | 20 Min. Zubereitungszeit | 6 Std. Ruhezeit

Zutaten:

- 1 Banane, in Stücken
- 2 EL Agavendicksaft
- 150 g Erdnussbutter, vegan
- 200 ml Kokosmilch
- 100 g veganer Joghurt
- 50 g Zartbitterschokolade, gehackt
- 80 g Erdnüsse, gesalzen, gehackt

Zubereitung:

1. Alles, bis auf Schokolade und die Nüsse, zusammen in einen Mixer geben und gut durchmixen.
2. Wenn alles püriert ist, die Masse in eine Form geben und diese für zwei Stunden in den Gefrierschrank stellen, danach herausnehmen und richtig gut durchrühren.
3. Die Nüsse und die Schokolode darauf verteilen und mit einem Löffel kurz untermischen. Danach das Eis für weitere 4 Stunden gefrieren.

Mango

Menge: 1500 ml | 20 Min. Zubereitungszeit | 4 Std. Ruhezeit

Zutaten:

- 400 ml Kokosmilch
- 600 g Mango, in Stücken
- 1 TL Vanillepaste
- 30 g Kokosblütenzucker
- 100 g Cashewnüsse, gehackt

Zubereitung:

1. Nehmen Sie die Cashewnüsse und weichen Sie diese über Nacht ein.
2. Geben Sie am nächsten Tag die Nüsse, ohne Wasser aber mit 100 ml Kokosmilch in den Mixer und pürieren Sie die Mischung.
3. Nun geben sie die restlichen Zutaten hinzu und mixen alles erneut gut durch.
4. Die Masse in eine Form geben und für 4 Stunden in den Gefrierschrank stellen, dort die erste Stunde alle 20 Minuten umrühren. Danach in Ruhe gefrieren lassen.

Pop Ice

Menge: 6 Stück | 10 Min. Zubereitungszeit | 8 Std. Ruhezeit

Zutaten:

- 6 Eisformen mit Stiel
- 8 Kiwi
- 80 ml Orangensaft

Zubereitung:

1. Schälen Sie die Kiwis und entfernen Sie die harten Strunk Teile.
2. Nehmen Sie eine Kiwi und schneiden Sie diese in 6 Scheiben. Diese Scheiben nun jeweils in eine Eis Form geben, so dass immer eine Scheibe pro Eis versteckt ist.
3. Die anderen Kiwis mit dem Orangen in einen Mixer geben und gut pürieren. Danach in die Formen geben. Die Formen verschließen und für 8 Stunden einfrieren.

Kokos Heidelbeere

Menge: 500 ml | 10 Min. Zubereitungszeit | 6 Std. Ruhezeit

Zutaten:

- 200 g Heidelbeeren Püree
- 100 g Heidelbeeren, ganz zum Garnieren
- 1 TL Zitronensaft
- 75 g Zucker
- 250 ml Kokosmilch
- 200 g Kokosjoghurt
- 50 g Kokosraspeln

Zubereitung:

1. Die Kokosmilch etwas erhitzen und den Zucker darin schmelzen. Mit dem Joghurt ablöschen und abkühlen lassen.
2. Nun alle Zutaten hineingeben und mit einem Pürierstab, pürieren und aufschlagen. Bis eine cremige Masse entsteht.
3. Das Eis in eine Form geben und glattstreichen. Die Heidelbeeren zum Garnieren darauf verteilen und das Eis für 1 Stunde in den Gefrierschrank geben.
4. Danach vorsichtig mit einer Gabel umrühren und erneut für weitere 5 Stunden gefrieren lassen.

Eis am Stiel Rezepte

Himbeer & Kokos

Menge: 8 Stück | 15 Min. Zubereitungszeit | 8 Std. Ruhezeit

Zutaten:

- 150 ml Kokosmilch
- 3 TL Reissirup
- 1 TL Vanillepaste
- 200 g Himbeeren, püriert
- 1 Limettensaft
- 8 Eis Stäbe

Zubereitung:

1. Vermischen Sie die Kokosmilch mit der Vanillepaste.
2. Vermischen Sie danach den Reissirup, Limettensaft und die Himbeeren miteinander.
3. Nehmen Sie ihre Formen und geben Sie die Himbeermischung zur Hälfte in die Formen, die andere Hälfte mit der Kokosmischung auffüllen.
4. Ein Eis Stab hineinstecken und alles für 8 Stunden in den Gefrierschrank geben.

Joghurt am Löffel

Menge: 10 Stück | 20 Min. Zubereitungszeit | 6 Std. Ruhezeit

Zutaten:

- 10 Löffel
- 300 g Wassermelone, in Stücken
- 250 g Heidelbeeren
- 50 ml Mineralwasser
- 1 EL Ananassaft
- 150 g Joghurt

Zubereitung:

1. Geben Sie die Melone mit den Beeren und dem Wasser sowie dem Ananassaft in ihren Mixer und pürieren Sie die Mischung gut durch.
2. Die Masse in Formen ihrer Wahl geben und den Löffel hineinstecken.
3. Alles für 6 Stunden in den Gefrierschrank stellen.

Avocado Eis

Menge: 2 Stück | 15 Min. Zubereitungszeit | 10 Std. Ruhezeit

Zutaten:

- 2 Holzstäbe
- 4 EL Rohrzucker
- 2 Stängel Minze
- 1 Avocado, in Stücken
- 1 Limettensaft
- 1 EL Zitronensaft
- 250 ml Sahne

Zubereitung:

1. Die Avocado mit dem Limettensaft, Zucker, Minze und dem Zitronensaft pürieren.
2. Die Sahne steifschlagen und die Avocado unterheben.
3. Die Masse in Formen geben und die Stäbe hineinstecken.
4. Das Eis für 10 Stunden gefrieren lassen.

Erdbeer Schoko Nuss

Menge: 8 Stück | 15 Min. Zubereitungszeit | 8 Std. Ruhezeit

Zutaten:

- 150 ml Kokosmilch
- 1 TL Vanillepaste
- 200 g Erdbeeren, püriert
- 1 Limettensaft
- 8 Eis Stäbe
- 200 g weiße Schokolade, Kuvertüre
- 50 g Mandelsplitter

Zubereitung:

1. Vermischen Sie die Kokosmilch, Erdbeeren, Vanille und den Limettensaft miteinander.
2. Füllen Sie es in die Formen ab und geben Sie die Stäbe hinein. Die Formen für 8 Stunden in die Gefriertruhe geben.
3. Nun die Schokolade über einem Wasserbad schmelzen und die Nüsse unterheben.
4. Das Eis aus den Formen lösen und in die Schokolade

tauchen. Auf einen Teller oder Backpapier legen und erneut für 1 Stunde in das Gefrierfach geben.

Orangeneis

Menge: 6 Stück | 20 Min. Zubereitungszeit | 8 Std. Ruhezeit

Zutaten:

- 550 ml frischen Orangensaft
- 2 TL Limettensaft
- 30 g Zucker, braun
- 6 Stäbe

Zubereitung:

1. Erhitzen Sie den Limettensaft, Zucker und etwa die Hälfte des Orangensaftes.
2. Lassen Sie den Zucker schmelzen und nehmen Sie den Topf vom Herd. Gut abkühlen lassen und mit dem restlichen Saft mischen.
3. Die Mischung in ihre Formen umfüllen, die Stäbe hineingeben und für 8 Stunden im Gefrierfach ruhen lassen.

Gin Tonic

Menge: 10 Stück | 10Min. Zubereitungszeit | 6 Std. Ruhezeit

Zutaten:

- 10 Eisformen mit Stiel
- 2 Limetten, Saft
- 3 EL Zucker
- 200 g Himbeeren
- 350 ml Tonic
- 50 ml Gin

Zubereitung:

1. Kochen Sie das Wasser mit dem Limettensaft und dem Zucker auf, danach solange köcheln bis der Zucker aufgelöst ist und abkühlen lassen.
2. Den Gin unterheben.
3. Die Himbeeren waschen und abtropfen lassen. Die Himbeeren auf die Eisformen aufteilen und mit der Flüssigkeit bedecken.
4. Die Eisformen verschließen und mindestens 6 Stunden im Gefrierschrank ruhen lassen.

Bananen Eis

Menge: 6 Stück | 15 Min. Zubereitungszeit | 8 Std. Ruhezeit

Zutaten:

- 2 Bananen
- 450 ml Kokosmilch
- 2 TL Honig
- 1 Msp. Kurkuma

Zubereitung:

1. Geben Sie alle Zutaten in den Mixer und mixen Sie alles schön cremig.
2. Die Mischung in die Eisformen geben und die Stäbe hineinstecken.
3. Danach die Formen für 8 Stunden in das Gefrierfach geben.

Kiba Eis

Menge: 6 Stück | 15 Min. Zubereitungszeit | 8 Std. Ruhezeit

Zutaten:

- 2 Bananen
- 1 Glas Schattenmorellen, abgetropft
- 450 ml Kokosmilch
- 2 TL Honig
- 3 Tropfen Bittermandel Aroma
- 5 g Ingwer, gerieben
- 200 g Kuvertüre, Zartbitter

Zubereitung:

1. Geben Sie alle Zutaten in den Mixer und mixen Sie alles schön cremig.
2. Die Mischung in die Eisformen geben und die Stäbe hineinstecken.
3. Danach die Formen für 8 Stunden in das Gefrierfach geben.
4. Das Eis aus der Form lösen und die Schokolade, über einem Wasserbad schmelzen.
5. Das Eis hineingeben und von allen Seiten bedecken, danach auf einem Teller oder Backpapier ablegen und erneut für 2 Stunden in Gefrierschrank geben.

<u>Soßen & Topping Rezepte</u>

Mango Soße

Menge: 100 ml | 15 Min. Zubereitungszeit

Zutaten:

- 1 Mango
- 1 TL Vanillepaste
- 1 Limettensaft
- 1 TL Ingwer, gerieben
- 8 EL Wasser

Zubereitung:

1. Schälen Sie die Mango und halbieren Sie diese, entfernen Sie den Stein und geben Sie das Fruchtfleisch mit den anderen Zutaten in den Mixer.
2. Alles gut pürieren und in eine schöne Schale geben. Löffelweise zum Eis servieren.

Schokoladensoße

Menge: 350 ml / 10 Min. Zubereitungszeit

Zutaten:

- 300 ml Sahne
- 150 g Zucker
- 50 g Butter
- 75 g Schokolade, 75%

Zubereitung:

1. Schmelzen Sie in einem Topf die Butter und geben Sie die Sahne mit hinein.
2. Rühren Sie den Zucker sowie die Schokolade ein und nehmen Sie den Topf von der Hitze.
3. Alles solange verrühren, bis die Schokolade komplett geschmolzen ist und warm servieren.

Heiße Kirschen

Menge: 200 ml | 15 Min. Zubereitungszeit

Zutaten:

- 1 Glas Sauerkirschen
- 50 g Zucker
- 3 EL Vanillepudding

Zubereitung:

1. Geben Sie die Kirschen mit dem Saft in einen Topf.
2. Entnehmen Sie 4 EL Saft in eine Tasse und rühren Sie dort den Pudding ein.
3. Danach die Kirschen aufkochen, den Zucker unterrühren, ebenso das Puddingpulver.
4. Alles gut vermischen und andicken lassen, danach in eine Schale umfüllen und zum Eis servieren.

Erdbeersoße

Menge: 200 ml | 10 Min. Zubereitungszeit

Zutaten:

- 500 g Erdbeeren
- ½ Bund Minze, gehackt
- 2 EL Honig
- 2 EL Zitronensaft
- 1 TL Ingwer, gerieben

Zubereitung:

1. Geben Sie die Erdbeeren und die Minze sowie den Honig und den Zitronensaft in den Mixer.
2. Pürieren Sie alles und geben Sie die Mischung durch ein Sieb.
3. Danach den Ingwer unterheben und zum Eis servieren.

Crumble Nuss

Menge: 2 Portionen | 15 Min. Zubereitungszeit

Zutaten:

- 20 g Mandel, gehackt
- 30 g Rosinen
- 40 g Erdnüsse, gehackt
- 50 g Butter, weich
- 40 g Haselnüsse, gehackt
- 1 TL Zimt
- 50 g Zucker, braun

Zubereitung:

1. Heizen Sie ihren Backofen auf 180°C Umluft vor. Nehmen Sie ein Backblech mit Backpapier.
2. Verkneten Sie alle Zutaten und verteilen Sie diese als Krümel auf dem Backblech.
3. Danach die Mischung für 10 Minuten im Backofen garen und auskühlen lassen.

Heidelbeersoße

Menge: 100 ml | 10 Min. Zubereitungszeit

Zutaten:

- 250 g Heidelbeeren
- 2 EL Zucker
- 1 Prise Kardamom, gemahlen
- 1 Prise Zimt
- 1 EL Wasser

Zubereitung:

1. Erhitzen Sie das Wasser und den Zucker in einem Topf.
2. Geben Sie die Gewürze und die Heidelbeeren hinein.
3. Kochen Sie die Heidelbeeren für 5 Minuten und zerdrücken Sie diese leicht im Topf.
4. Danach in eine Schale füllen und heiß oder kalt servieren.

Sorbet Rezepte

Mojito Eis

Menge: 500 ml | 20 Min. Zubereitungszeit | 6 Min. Ruhezeit

Zutaten:

- 1 kg Limetten, Saft & Abrieb
- 2 Eiweiß, steif
- 1 EL Rum, weiß
- 1 Bund Minze, gehackt
- 200 g Zucker, braun
- 100 ml Mineralwasser, mit Sprudel

Zubereitung:

1. Kochen Sie das Mineralwasser mit dem Zucker auf und lassen Sie alles karamellisieren. Die Mischung gut abkühlen lassen.
2. Die Minze, Limettensaft und den Abrieb in den Sirup einrühren.
3. Den Rum unterheben und alles gut vermischen.
4. Das Eiweiß unterziehen und die Mischung in eine Eis Form geben und in das Gefrierfach stellen.
5. Dort die ersten zwei Stunden, jede halbe Stunde umrühren. Danach für weitere 4 Stunden ruhen lassen.

Beeren Sorbet

Menge: 500 ml | 30 Min. Zubereitungszeit | 3 Std. Ruhezeit

Zutaten:

- 500 g Beerenmischung, TK
- 150 g Zucker
- 150 ml Wasser
- ½ Zitronensaft
- 2 Zweige Minze zum Garnieren

Zubereitung:

1. Erhitzen Sie das Wasser in einem Topf, rühren Sie den Zucker hinein und kochen Sie diesen zu einem Sirup. Den Sirup gut abkühlen lassen.
2. Die Beeren, sowie die Hälfte vom Sirup in einem Mixer pürieren. Durch ein Sieb geben und den restlichen Sirup unterheben.
3. Die Mischung in eine Form geben und diese in ihr Gefrierfach stellen. Nach 1 Stunde erneut umrühren und weitere 2 Stunden gefrieren.
4. Als Kugel mit der Minze servieren.

Orangen Ingwer Sorbet

Menge: 250 ml | 25 Min. Zubereitungszeit | 5 Std. Ruhezeit

Zutaten:

- 250 ml Orangensaft
- 2 EL Karamelle Sirup
- ½ Zitronensaft
- 15 g Ingwer, gerieben

Zubereitung:

1. Den Ingwer, Sirup und den Orangensaft gut verrühren.
2. Eine Form bereitstellen und die Mischung hineingeben.
3. Die Form in das Gefrierfach stellen und nach 1 Stunden erneut gut umrühren. Danach für weitere 4 Stunden ruhen lassen.

Erdbeer Minze Sorbet

Menge: 500 ml | 25 Min. Zubereitungszeit | 5 Std. Ruhezeit

Zutaten:

- 500 g Erdbeeren, püriert
- 5 Stängel Minze, gehackt
- 2 EL Wodka
- 2 EL Karamelle Sirup
- ½ Zitronensaft
- 1 Prise Zimt

Zubereitung:

1. Geben Sie die Erdbeeren, Wodka, Minze, Sirup, Zitronensaft und Zimt in einen Mixer, alles gut Pürieren.
2. Eine Form bereitstellen und die Mischung hineingeben.
3. Die Form in das Gefrierfach stellen und nach 1 Stunden erneut gut umrühren. Danach für weitere 4 Stunden ruhen lassen.

Wassermelone Sorbet

Menge: 500 ml | 25 Min. Zubereitungszeit | 5 Std. Ruhezeit

Zutaten:

- 1 Kg Wassermelone, in Stücken
- 150 g Zucker
- 6 Minzeblätter, gehackt
- 1 EL Zitronensaft
- 150 ml Wasser

Zubereitung:

1. Pürieren Sie die Minze mit der Wassermelone.
2. Erhitzen Sie das Wasser und kochen Sie den Zucker zu einem Sirup auf.
3. Vermischen Sie den kalten Sirup mit den restlichen Zutaten. Geben Sie alles in eine Form und die für 1 Stunde in den Gefrierschrank.
4. Danach erneut gut umrühren und für weitere 4 Stunden im Gefrierschrank ruhen lassen.

Kirsch Sorbet

Menge: 500 ml | 25 Min. Zubereitungszeit | 5 Std. Ruhezeit

Zutaten:

- 500 g Kirschen, püriert
- 2 Tropfen Bittermandel-Aroma
- 2 EL Karamelle Sirup
- ½ Zitronensaft
- 2 g Ingwer, gerieben

Zubereitung:

1. Geben Sie die Kirschen durch ein Sieb, streichen Sie alles mit einem Löffel durch.
2. Den Ingwer, Sirup, Aroma und den Zitronensaft einrühren.
3. Eine Form bereitstellen und die Mischung hineingeben.
4. Die Form in das Gefrierfach stellen und nach 1 Stunden erneut gut umrühren. Danach für weitere 4 Stunden ruhen lassen.

Frozen Joghurt Rezepte

Grundrezept

Menge: 500 ml | 5 Min. Zubereitungszeit | 6 Std. Ruhezeit

Zutaten:

- 2 EL Honig
- 500 g griechischen Joghurt
- 1 TL Vanillepaste

Zubereitung:

1. Vermischen Sie die Zutaten und geben Sie die Schüssel in ihr Gefrierfach.
2. Nach jeweils 30 Minuten immer wieder umrühren, damit die Eiskristalle nicht zu feste werden.
3. Ihr Frozen Joghurt ist fertig, wenn er cremig und dennoch gefroren vom Schneebesen gleitet.

Frozen Orangen

Menge: 500 ml | 15 Min. Zubereitungszeit | 5 Std. Ruhezeit

Zutaten:

- 500 g Joghurt
- 1 EL Orangenlikör
- 2 Bananen, gehackt
- 1 Orange, Filet in Stücken
- 1 EL Honig

Zubereitung:

1. Verrühren Sie den Orangenlikör mit dem Honig und geben Sie dies in den Joghurt.
2. Den Joghurt cremig rühren und das Obst unterheben.
3. Alles in eine Form geben und im Gefrierfach für 5 Stunden gefrieren. Wichtig ist, jede 30 Minuten das Eis kurz zu rühren. Damit es auch cremig bleibt!

Zimt Apfel

Menge: 500 ml | 15 Min. Zubereitungszeit | 20 Min Kochzeit

Zutaten:

- 4 Äpfel, gehackt
- 1 TL Zimt
- 500 g griechischer Joghurt
- 1 EL Honig
- 2 EL Wasser
- 1 EL Butter
- 2 EL Zucker, braun

Zubereitung:

1. Geben Sie die Äpfel, Butter, Wasser, Zucker und den Zimt in einen Topf und braten Sie die Äpfel darin an, bis diese karamellisieren.
2. Rühren Sie den Joghurt cremig und geben Sie den Honig hinein. Die kalten Äpfel vorsichtig unterheben.
3. Die Mischung in eine Schale geben und in den Gefrierschrank stellen. Dort für 5 Stunden gefrieren und jede halbe Stunde umrühren.

Waldmeister

Menge: 500 ml | 20 Min. Zubereitungszeit | 6 Std. Ruhezeit

Zutaten:

- 500 g Joghurt
- 1 EL Honig
- 7 Stängel Waldmeister
- 50 ml Milch

Zubereitung:

1. Erhitzen Sie die Milch und geben Sie den Waldmeister hinein. Lassen Sie den Waldmeister für 2 Stunden darin ziehen.
2. Die Milch mit dem Joghurt und dem Honig cremig rühren und in das Gefrierfach geben.
3. Jede halbe Stunde umrühren und insgesamt für 6 Stunden gefrieren lassen.

Kokos Ananas

Menge: 500 ml | 10 Min. Zubereitungszeit | 5 Std. Ruhezeit

Zutaten:

- 1 Dose Kokosmilch
- 300 g griechischer Joghurt
- 50 g Kokosraspeln
- 1 Dose Ananas, in Stücken, abgetropft

Zubereitung:

1. Zerkleinern Sie die Ananas Stücke nach Belieben.
2. Rühren Sie den Joghurt und den festen Teil der Kokosmilch cremig.
3. Heben Sie die Ananas und die Kokosraspeln unter.
4. Die Masse 5 Stunden im Gefrierfach aufbewahren und jede Stunde umrühren.

Mango Walnuss

Menge: 500 ml | 10 Min. Zubereitungszeit | 5 Std. Ruhezeit

Zutaten:

- 500 g griechischer Joghurt
- 2 EL Honig
- 1 Mango, in Stücken
- 60 g Walnüsse, gehackt

Zubereitung:

1. Vermischen Sie den Joghurt mit 1 EL Honig und geben Sie die Mango hinein.
2. Nehmen Sie eine heiße Pfanne ohne Öl und rösten Sie die Walnüsse an, danach den Honig darüber geben und glasieren lassen.
3. Die Walnüsse abkühlen lassen und unter den Joghurt heben.
4. Die Masse 5 Stunden im Gefrierfach aufbewahren und jede Stunde umrühren.

Schoko & Haselnuss

Menge: 500 ml | 10 Min. Zubereitungszeit | 5 Std. Ruhezeit

Zutaten:

- 350 g Quark
- 150 g Sahne
- 3 EL Kakaopulver
- 1 EL Honig
- 50 g Haselnüsse, gehackt, geröstet

Zubereitung:

1. Nehmen Sie die Sahne und schlagen Sie diese Steif.
2. Nehmen Sie den Quark und mischen Sie den Honig sowie den Kakao unter. Alles gut vermischen und die Sahne unterheben.
3. Die Nüsse hineingeben und leicht unterheben.
4. Die Mischung für 5 Stunden in das Gefrierfach stellen und jede Stunde einmal umrühren.

Parfait Rezepte

Vanille Parfait

Menge: 6 Portionen | 30 Min. Zubereitungszeit | 12 Std. Ruhezeit

Zutaten:

- 1 Vanillemark
- 4 Eigelb
- 120 g Zucker
- Prise Salz
- 330 ml Sahne
- 1 EL Zitronensaft
- 500 g Erdbeeren, gehackt

Zubereitung:

1. Nehmen Sie 100 g Zucker und geben Sie das Vanillemark sowie 60 ml Wasser dazu. Lassen Sie die Mischung aufkochen, füllen Sie die Masse in eine Schüssel und geben Sie danach das Eigelb und die Prise Salz hinein. Nehmen Sie den Topf von der Hitze und schlagen Sie alles cremig.
2. Stellen Sie eine Schüssel mit Eiswasser bereit und sobald die Masse andickt, stellen Sie ihre Schüssel dort hinein.
3. Die Sahne Steifschlagen und unterheben. Die Erdbeeren unterheben.
4. Bestreichen Sie eine Kastenform oder Parfait Form mit Öl und legen Sie diese mit Backpapier aus. Die Masse hineingeben und die Form auf die Arbeitsplatte klopfen, um Luftblasen zu lösen. Die Form für 12 Stunden gefrieren.

Joghurt Parfait

Menge: 550 ml | 25 Min. Zubereitungszeit | 4 Std. Ruhezeit

Zutaten:

- 5 EL Zucker
- 200 ml Sahne
- 300 Joghurt
- 2 Eigelb
- 1 Eiweiß

Zubereitung:

1. Nehmen Sie eine große Schüssel, errichten Sie ein kaltes Wasserbad und ein warmes Wasserbad.
2. Nehmen Sie eine kleinere Schüssel und schlagen Sie darin das Eigelb, Zucker und Joghurt, über einem warmen Wasserbad cremig.
3. Das Eiweiß steifschlagen, sowie die Sahne steifschlagen und die Schüssel in das kalte Wasserbad umsetzten, das Eiweiß sowie die Sahne unterheben. unterheben.
4. In eine Form geben und mit Klarsichtfolie bedecken. Für 4 Stunden in das Gefrierfach geben und danach servieren.

Walnüsse

Menge: 500 ml | 35 Min. Zubereitungszeit | 10 Std. Ruhezeit

Zutaten:

- 200 g Walnüsse, gehackt
- 200 g Zucker, braun
- 400 g Sahne
- 2 Eier
- 1 TL Vanillepaste
- 1 Prise Salz

Zubereitung:

1. Nehmen Sie einen Topf und schmelzen Sie 100 g Zucker darin, geben Sie die Walnüsse hinein. Danach die Mischung auf einem Backpapier ausstreichen und abkühlen lassen. Leicht zerbröseln.
2. Bereiten Sie eine Kastenform vor und legen Sie diese mit Backpapier aus.
3. Schlagen Sie die Sahne steif und trennen Sie die Eier. Schlagen Sie das Eiweiß ebenfalls steif.
4. Das Eigelb mit der Vanillepaste sowie dem Zucker schaumig rühren.
5. Heben Sie das Eiweiß, Sahne und die Nüsse unter und füllen Sie alles in die Form. Die Form für 10 Stunden gefrieren.

Kiwi

Menge: 500 ml | 35 Min. Zubereitungszeit | 10 Std. Ruhezeit

Zutaten:

- 6 Kiwis, püriert
- 100 g Zucker, braun
- 400 g Sahne
- 2 Eier
- 1 TL Vanillepaste
- 1 Prise Salz

Zubereitung:

1. Bereiten Sie eine Kastenform vor und legen Sie diese mit Backpapier aus.
2. Schlagen Sie die Sahne steif und trennen Sie die Eier. Schlagen Sie das Eiweiß ebenfalls steif. Das Eigelb mit der Vanillepaste sowie dem Zucker schaumig rühren.
3. Heben Sie das Eiweiß sowie die Sahne unter und füllen Sie die Hälfte der Masse in die Form, das Kiwi Püree hineingeben und mit dem Rest bedecken. Die Form für 10 Stunden gefrieren.

Tee Parfait

Menge: 250 ml | 35 Min. Zubereitungszeit | 12 Std. Ruhezeit

Zutaten:

- 8 g Ingwer, gerieben
- 3 Eigelb
- 3 EL Zucker
- 200 g Sahne
- 75 ml grüner Tee
- 1 Orangenabrieb

Zubereitung:

1. Erstellen Sie ein heißes Wasserbad sowie ein kaltes Wasserbad.
2. Vermischen Sie das Eigelb und den Zucker über dem warmen Wasserbad, rühren Sie alles schaumig. Heben Sie den Tee unter.
3. Stellen Sie die Schale in das kalte Wasserbad.
4. Schlagen Sie die Sahne steif und geben Sie diese unter die Mischung. Heben Sie den Ingwer und den Orangenabrieb hinein.
5. Eine Kastenform mit Backpapier oder Folie auslegen. Die Masse hineinstreichen und für 12 Stunden in den Gefrierschrank stellen.

Pistazien

Menge: 500 ml | 35 Min. Zubereitungszeit | 10 Std. Ruhezeit

Zutaten:

- 120 g Pistazien, gehackt
- 2 Tropfen Bittermandel-Aroma
- 100 g Zucker, braun
- 400 g Sahne
- 2 Eier
- 1 TL Vanillepaste
- 1 Prise Salz

Zubereitung:

1. Bereiten Sie eine Kastenform vor und legen Sie diese mit Backpapier oder Klarsichtfolie aus.
2. Schlagen Sie die Sahne steif und trennen Sie die Eier. Schlagen Sie das Eiweiß ebenfalls steif. Das Eigelb mit der Vanillepaste sowie dem Zucker schaumig rühren. Die Aroma Tropfen unterheben.
3. Heben Sie die Masse in die Form, die Pistazien hineingeben und mit einer Gabel leicht unterheben. Die Form für 10 Stunden gefrieren.

Spekulatius Zimt

Menge: 500 ml | 35 Min. Zubereitungszeit | 10 Std. Ruhezeit

Zutaten:

- 8 Spekulatius Kekse, zerbröselt
- 1 TL Zimt
- 12 g Ingwer, gerieben
- 100 g Zucker, braun
- 400 g Sahne
- 2 Eier
- 1 TL Vanillepaste
- 1 Prise Salz

Zubereitung:

1. Bereiten Sie eine Kastenform vor und legen Sie diese mit Backpapier aus.
2. Eiweiß und Sahne steifschlafen.
3. Das Eigelb mit der Vanillepaste, Zimt sowie Ingwer und dem Zucker schaumig rühren.
4. Heben Sie das Eiweiß sowie die Sahne unter und geben Sie die

Masse in die Form. Die Spekulatius Krümel unterheben.

5. Die Form für 10 Stunden gefrieren.

Eis ohne Zucker Rezepte

Mango Eis

Menge: 250 ml | 35 Min. Zubereitungszeit | 6 Std. Ruhezeit

Zutaten:

- 1 Mango, in Stücken
- 1 Limette, Saft & Abrieb
- 1 Papaya, in Stücken
- 50 g Kokosraspeln

Zubereitung:

1. Geben Sie das Obst und dem Limettensaft sowie den Abrieb in einen Mixer und pürieren Sie alles.
2. Heben Sie die Kokosraspeln unter und stellen Sie das Eis in ihrer Eis Form, in den Gefrierschrank.
3. Nach 35 Minuten umrühren und erneut in den Gefrierschrank geben. Nun für 5-6 Stunden ruhen lassen.

Kaffee Eis

Menge: 500 ml | 15 Min. Zubereitungszeit | 6 Std. Ruhezeit

Zutaten:

- 340 ml Kaffee, kalt
- 300 ml Sahne
- 1 Prise Salz
- 1 Vanillemark, ausgekratzt

Zubereitung:

1. Schlagen Sie die Sahne steif.
2. Vermischen Sie den Kaffee mit dem Salz und dem Vanillemark und heben Sie die Sahne unter.
3. Die Mischung in das Gefrierfach geben und nach einer Stunde erneut umrühren. Dann für weitere 5 Stunden ruhen lassen.

Blaubeeren Eis

Menge: 200 ml | 5 Min. Zubereitungszeit | 5 Std. Ruhezeit

Zutaten:

- 150 g Blaubeeren
- 1 TL Limettensaft
- 30 g Kokosflocken
- 170 g Joghurt

Zubereitung:

1. Geben Sie das Obst sowie den Joghurt in den Mixer und pürieren Sie es. Heben Sie den Limettensaft und die Kokosflocken unter.
2. Die Eis Masse in eine Form geben und in den Gefrierschrank stellen.
3. Nach 60 Minuten cremig aufschlagen und in den Kühlschrank zurückgeben.
4. Das Eis nun für 4 weitere Stunden gefrieren.

Matcha Eis

Menge: 300 ml | 10 Min. Zubereitungszeit | 6 Std. Ruhezeit

Zutaten:

- 800 g Bananen, in Stücke, gefroren
- 1 Vanillemark
- 2 EL Kokosöl
- 4 EL Roh Kakao
- 4 Kiwi, gehackt
- 2 EL Matcha-Pulver

Zubereitung:

1. Geben Sie die Bananen mit dem Kokosöl und dem Vanillemark, sowie der Kiwi in einen Mixer.
2. Vermischen Sie die Masse gut und pürieren Sie alles.
3. Danach das Matcha-Pulver sowie den Kakao unterheben.
4. Die Masse in eine Eis-Form geben und in den Gefrierschrank geben. Dort für 60 Minuten ruhen lassen und mit einem Schneebesen gut durchrühren.
5. Erneut in das Gefrierfach geben und für 5 Stunden gefrieren lassen.

Pfirsich Eis

Menge: 250 ml | 35 Min. Zubereitungszeit | 6 Std. Ruhezeit

Zutaten:

- 200 g Joghurt
- 4 Pfirsiche, in Stücken
- 1 Apfel, gerieben
- 1 Vanillemark

Zubereitung:

1. Pürieren Sie die Pfirsiche und heben Sie diese mit der Vanille und dem Apfel unter den Joghurt.
2. Stellen Sie das Eis in ihrer Eis Form, in den Gefrierschrank.
3. Nach 35 Minuten umrühren und erneut in den Gefrierschrank geben. Nun für 5-6 Stunden ruhen lassen.

Griechisches Eis

Menge: 200 ml | 10 Min. Zubereitungszeit | 6 Std. Ruhezeit

Zutaten:

- 200 g griechischer Joghurt
- 8 Aprikosen, gehackt
- 2 Pfirsiche, püriert
- 60 g Walnüsse, gehackt

Zubereitung:

1. Rühren Sie den Joghurt cremig auf und geben Sie die Aprikosen hinein. Die Mischung in eine Form füllen und dort das Pfirsichpüree darauf geben. Mit einer Gabel leicht unterheben.
2. Die Walnüsse darüber verteilen und das Eis für 6 Stunden in den Gefrierschrank geben.

Haselnuss Eis

Menge: 300 ml | 10 Min. Zubereitungszeit | 6 Std. Ruhezeit

Zutaten:

- 200 ml Sahne
- 100 g Joghurt
- ½ TL Vanillemark
- 1 Banane, püriert
- 30 g Haselnuss, gemahlen
- 50 g Haselnüsse, gehackt

Zubereitung:

1. Schlagen Sie die Sahne auf.
2. Verrühren Sie die pürierte Banane mit dem Joghurt.
3. Geben Sie den Joghurt nach und nach unter die Sahne, heben Sie danach die gemahlenen Nüsse sowie die gehackten Nüsse unter.
4. Das Eis in eine Form geben und im Gefrierfach für 1 Stunde ruhen lassen, danach erneut umrühren.
5. Das Eis wieder in das Gefrierfach legen und für weitere 5 Stunden gefrieren lassen.

Banana Split

Menge: 300 ml | 10 Min. Zubereitungszeit | 6 Std. Ruhezeit

Zutaten:

- 50 g Schokoraspeln, Zuckerfrei
- 8 Bananen, in Stücken, gefroren
- 200 ml Sahne
- 100 g Joghurt

Zubereitung:

1. Den Joghurt und die Bananen im Mixer pürieren.
2. Die Sahne steifschlagen.
3. Die Sahne unter den Joghurt heben und die Schokoraspeln einrieseln lassen, leicht unterheben.
4. Die Masse in eine Form geben und diese in ihr Gefrierfach stellen.
5. Rühren Sie nach 30 Minuten sowie nach 60 Minuten erneut die Masse um und lassen Sie diese danach für 5 Stunden gefrieren.

www.ingramcontent.com/pod-product-compliance
Ingram Content Group UK Ltd.
Pitfield, Milton Keynes, MK11 3LW, UK
UKHW051132260726
13967UKWH00010B/3004

9 781803 671253